Markus Moser

Open-Source-Software mit besonderer Berücksichtigung wirtschaftlicher Aspekte und Softwarelizenzen

GRIN Verlag

Bibliografische Information der Deutschen Nationalbibliothek:

Die Deutsche Bibliothek verzeichnet diese Publikation in der Deutschen Nationalbibliografie; detaillierte bibliografische Daten sind im Internet über http://dnb.d-nb.de/ abrufbar.

Impressum:

Druck und Bindung: Books on Demand GmbH, Norderstedt Germany
ISBN: 978-3-640-83678-9

Dieses Buch bei GRIN:

http://www.grin.com/de/e-book/166907/open-source-software-mit-besonderer-beruecksichtigung-wirtschaftlicher

Open-Source-Software mit besonderer Berücksichtigung wirtschaftlicher Aspekte und Softwarelizenzen

Markus Moser

2.2008

Deutsche Zusammenfassung

Diese Arbeit setzt sich zum Ziel einige der wichtigsten Aspekte von freier/Open Source Software zu beschreiben. Aus der Fülle der möglichen Aspekte sollen die gängigen Lizenzmodelle zum Schutz der Open-Source-Idee und zur Vermeidung von Missbrauch sowie die Effekte von Open Source Software auf Softwaremärkte und Softwareindustrie allgemein als besonderere Schwerpunkte behandelt werden. Die historische Entwicklung der Idee hinter dem Phänomen und das Betriebssystem GNU/Linux das aus dem Open-Source-Umfeld stammt sollen auch gebührend beachtet werden.

Schlüsselwörter

Open Source Software, freie Software, Linux, Softwarelizenzen, GPL, wirtschaftliche Auswirkungen von Open Source, Softwaremärkte, Kritik an Open Source

English abstract

This work aims at describing several of the most important aspects of free/open source software. Out of the plethora of possible aspects the software licensing models that ensure the propagation of the underlying idea and prevent misuse as well as the effects of open source software on the software market and software industry in general shall be treated with a special emphasis. The historical development and evolution of the idea behind the phenomenon and the operating system GNU/Linux that emerged from an open source background shall be dealt with accordingly as well.

Keywords

Open Source Software, free Software, Linux, software licenses, GPL, economic impact of open source, software markets, review of Open Source Software

Inhaltsverzeichnis

1 Einleitung

In den letzten Jahren hat in der Softwarewelt ein vergleichsweise neuartiges Konzept an Bedeutung gewonnen, dessen weitreichende wirtschaftliche Auswirkungen nicht länger von der marktführenden Softwareindustrie ignoriert werden konnten. Diese, unter dem Begriff Open Source Software subsumierbare Ideen[1], basiert auf der Grundidee dem Nutzer einer Software das Programm ohne Lizenzgebühr benutzen zu lassen und auch den Quellcode (die von Menschen geschriebenen Anweisungen in einer Programmiersprache, die in funktionierende Software übersetzt werden können) - zur Einsicht freizugeben, selbst Modifikationen zuzulassen. Ein flüchtiger Blick auf die Internet-Plattform sourceforge.net, die eine Umgebung zur Kommunikation und Entwicklung von Open Source Software anbietet, zeugt mit 165.234 Projekten[2] von der zunehmenden Bedeutung von Open Source Software. Das nach den eben genannten Prinzipien kreierte „freie“ Betriebssystem GNU/Linux ist mittlerweile in vielen verschiedenen Distributionen erhältlich, die ein breites Spektrum an Funktionalität abdeckend, eine ernstzunehmende Konkurrenz für das bisher dominierende proprietäre Betriebssystem Microsoft Windows sind. Auch größere Firmen haben bereits auf Open Source Software reagiert und sie in eigenen Geschäftsmodellen einbezogen. Der Kontrast zu herkömmlicher, proprietärer Software macht Open Source Software zu einem interessanten Gegenstand von Betrachtungen, wirft aber auch einige grundlegende Fragen auf. Zum Beispiel erfordert die Sicherstellung und Wahrung der Besonderheiten von Open Source Software im Vergleich zu proprietärer Software radikal unterschiedliche Lizenzmodelle, die in dieser Arbeit näher betrachtet werden sollen. Die juristische Dimension dieser Lizenzmodelle wird bei Betrachtung von Fällen wie der Milliardenklage von IBM gegen SCO deutlich. Auch die Frage nach der Wirtschaftlichkeit, marktwirtschaftlichen Bedeutung und grundlegenden Motivation hinter Open-Source Projekten soll hier behandelt werden. Ebenso ist eine Kritik an der Open-Source-Idee angebracht. In Kapitel 2 wird versucht die historische Entwicklung des Konzepts hinter Open Source Software darzustellen, die von anfäng-

[1]mehr zu der Abgrenzung der einzelnen Begriffe später

[2]Quelle: http://sourceforge.net, Aufgerufen am 31.12.2007

lichen, eher idealistischen Betrachtungen die ihren Ursprung im universitären Umfeld hatten, zu einem Phänomen mit wirtschaftlicher Tragweite reichen. Mit der Gründung der Free Software Foundation (FSF) entsteht die Idee ein freies Betriebssystem zu schaffen, welches, etwa ein Jahrzehnt später in dem freien Betriebssystem GNU/Linux seine produktiv nutzbare Konkretisierung findet und zunehmend zu einer Lösung für Server- und Desktopbereich wird. Im Subkapitel 2.1 soll dieses Betriebssystem und seine Entwicklung näher dargestellt werden.

Kapitel 3 versucht die Eigenschaften von Software als ökonomischem Gut zu bestimmen, welche durch ihre Besonderheit essentiell für das Verständnis von Software als handelbares Gut sind. Weiters soll der in dieser Arbeit durchgehend verwendete Begriff „Open Source Software“ erklärt werden. Für den „Gegenspieler“ zu Open Source Software soll der Begriff „proprietäre“ Software verwendet werden, wenn auch diese Begriffe aufgrund der Komplexität der Materie nicht immer exakt zu treffen und bestimmen sind.

Kapitel 4 behandelt die grundlegenden Fragen der Lizenzierung von Software. Hierfür sollen die rechtlichen Grundlagen des Intellectual Property Rights skizziert werden, insbesondere Urheberrecht und Patentrecht. Auch sollen gängige Lizenzierungsmodelle die in der Softwareindustrie verbreitet sind, dargestellt werden.

Kapitel 5 widmet sich detailliert der Betrachtung der bedeutungsvollsten Open Source Lizenzen, denen die GNU GPL als die wohl bedeutsamste gegenwärtige Lizenz für Open Source Software vorangestellt werden soll. Wichtig ist im Zusammenhang mit Open-Source-Lizenzen die Verwendung einer Copyleft-Klausel, welche großen Anteil an der Festlegung der Restriktivität einer Lizenz hat, sie soll hier vorangestellt betrachtet werden. Zu den weiteren betrachteten Lizenzen gehören die BSD-Lizenz, die MPL und die LGPL.

Kapitel 6 rückt die wirtschaftlichen Aspekte von Open-Source-Projekten in den Vordergrund. Die Besonderheiten des Entwicklungsprozess bei Open Source Software sollen beschrieben werden und die wirtschaftlichen Auswirkungen von Open Source auf den Softwaremarkt. Abschließend soll eine Kritik an Open Source Software aus wirtschaftlicher Sicht das Kapitel beschließen.

In Kapitel 7 sollen die gewonnenen Erkenntnisse aus den vorigen Kapiteln noch einmal rekapituliert und summierend zusammengefasst werden.

2 Historische Entwicklung

Bei der chronologischen Betrachtung der Anfänge der Computerindustrie erscheint es als merkwürdiges Paradoxon dass ursprünglich Ausschließbarkeit bei der Nutzung von Software nicht vorgesehen war, eine Idee die erst in den 70er-Jahren an Boden zu gewinnen begann. Die Entscheidung von IBM 1969 Hardware und Software nach einem verlorenen Kartellverfahren (bei einem Marktanteil von etwa 70%) zu entbündeln, führte bald zu einem ersten Markt für Softwareprodukte und Betriebssysteme (Brunner 2005). Jedoch wird bei näherer Betrachtung ersichtlich dass die frühen Systeme vollständig hardwareabhängig waren und die Idee, Software als eigenwertiges Produkt - nicht bloß als Anhängsel der Hardware - zu betrachten, erst allmählich aufkam.
Mit der Entwicklung der Timesharing-Systeme [3] entwickelte sich langsam eine Gemeinde welche die Entwicklung von Software in den Vordergrund rückte. Dieser Community von „Hackern“ [4] war es selbstverständlich ihre Produkte miteinander zu teilen, Weitergabe des Quellcodes an gleichfalls enthusiastische Freunde war Bestandteil dieser Kultur. Hier sollte erwähnt werden dass es sich hierbei um Grundlagenforschung handelte, was einen sozialen Kontext des Teilens und Verbreitens schaffen konnte. Diese Gemeinschaften zentrierten sich um Hochschulen [5] und Forschungseinrichtungen [6]. (Raymond 1999) Einen weiteren Aufschwung erlebte die Gemeinde 1969 als mit dem Betriebssystem Unix und der Sprache C die Basis geschaffen war um Software unabhängig von einer speziellen Rechnerarchitektur zu implementieren. Das Kartellrecht verbot der amerikanischen Firma AT&T ihr Betriebssystem Unix für kommerzielle Zwecke einzusetzen, so gelangte es mitsamt offenem Quellcode an verschiedene Universitäten, welche die Entwicklung fortsetzten, Weiterentwicklung durch die Hackergemeinde war offen erwünscht. Die offenen Standards des ARPA-Net, des technologischen Vorläufers des Internets, wurden

[3] Als Beispiel wäre z.B. das ITS des MIT (Massachusetts Institute of Technology) zu nennen

[4] Damit ist nicht der heute gebräuchliche, von den Medien verzerrte Begriff gemeint, sondern eine Person mit Begeisterung für tiefgehende Beschäftigung mit Software/Hardware. http://www.catb.org/ esr/jargon/html/H/hacker.html liefert eine genauere Definition

[5] Berkeley, MIT, Stanford um einige zu nennen

[6] Das Palo Alto Research Center von Xerox und die Bell Labs von AT&T wäre hier bekannte Vertreter

mit Unix verschmolzen, was die Hacker-Gemeinde um ein wie für sie geschaffenes Kommunikationsmittel reicher machte.[7]

Mit dem Aufkommen kleinerer Maschinen und der ersten Personal-Computer etablierten sich auch proprietäre Betriebssysteme deren genaue Funktionsweise ein gut gehütetes Firmengeheimnis blieb.[8] Die Hacker-Community war also weiterhin auf Unix angewiesen. Unix jedoch zersplitterte sich in verschiedene Distributionen, die kommerziell verbreitet wurden und nicht mehr miteinander kompatibel waren, was eine Periode der sogenannten „Unix wars“ auslöste. [9]
1974 wurde Microsoft gegründet, jenes Unternehmen, das später die Industrie dominieren sollte. Die Einstellungen gegenüber dem freien Tauschens und Verwendens von Software seines Gründers war schon anfangs deutlich negativ. [10] 1976 entstand Apple Computers, ein Unternehmen das bedeutend zur Entwicklung und Verbreitung des Personal-Computers beitragen sollte. Der nicht mehr aufzuhaltende Siegeszug der Personal-Computer begann in der 80er-Jahren Unix langsam den Wind aus den Segeln zu nehmen. 1981 stellte IBM seinen ersten Personal-Computer vor, das Modell mit der Nummer 5150 war der erste preislich leistbare Rechner für den Heimgebrauch. Zu dieser Zeit begann auch die Geschichte dessen, was sich später zu Open Source und freier Software entwickeln sollte. Nach eigenen Angaben durch einen Drucker mit einem qualitativ minderwertigen Treiber, der jedoch proprietär und nicht einsehbar war, zu diesem Schritt veranlasst (Korb 2001) gründete der Programmierer und Visionär Richard Stallman die Free Software Foundation (FSF), die es sich fortan zum Ziel machte, quelloffen verfügbare Software zu produzieren. Mitte der 80er-Jahre begann sich die Marktreife grafischer Benutzeroberflächen abzuzeichnen, Apple brachte 1984 den ersten PC mit graphischer Benutzerober-

[7]Das heute noch sehr beliebte Free-/Open-/Net-BSD hat seinen Ursprung in einer Weiterentwicklung von Unix an der Berkeley University (Berkeley Software Distribution). Bedeutsam ist hier auch die BSD-Lizenz, die später behandelt werden soll.

[8]IBM und Apple wären hier als die Pioniere zu nennen

[9]hier wären Hewlett-Packards HP-UX, AIX von IBM und BSD als Beispiele zu nennen

[10]http://www.blinkenlights.com/classiccmp/gateswhine.html

fläche (GUI)[11] auf den Markt. [12] Abnehmende Unterstützung der großen Firmen und eine Verringerung der Forschungsgelder brachten zusammen mit dem Siegeszug des Personal Computers das allmähliche Verschwinden der universitären Strukturen der Hackerkultur. Microsoft gelang es sich zunächst mit MS-DOS, in den 90er-Jahren langsam mit Windows - trotz inferiorer Technologie - als dominanter Marktführer zu etablieren. Die kommerziellen Möglichkeiten des Internets wurden entdeckt und lösten eine Euphorie aus die einige Unternehmen im Taumel des Möglichen die Gesetze der Ökonomie über Bord werfen ließ - was dann letztlich zum Platzen der als „New-Economie-Blase" bekannt gewordenen Euphorie führte. (Mühlmann 2006) Microsoft begann seine Vormachtstellung sukzessive auszubauen, hierbei war die Strategie der Produktbündelung sehr hilfreich, auch wenn es Microsoft einige Vorwürfe wegen Missbrauchs einer marktbeherrschenden Stellung einbrachte. Als erfolgreichstes Beispiel ist der Internet Explorer zu nennen: Microsoft lieferte ihn kostenlos mit seinen Betriebssystemen aus, was das Produkt des bisherigen Marktführers Netscape in arge Bedrängnis brachte und letztlich ganz verdrängte. Diese Entwicklung führte zu der Entscheidung Netscapes den Quellcode ihres Browsers zu veröffentlichen, was einen bedeutenden Meilenstein für die Open-Source-Bewegung darstellte (mehr dazu später). [13]. Im Zuge der Freigabe des Netscape-Quellcodes entstand 1998 die „Open Source Initiative" (OSI), welche als Hüterin der Open-Source-Idee genaue Kriterien für die Einordnung einer Software als Open Source Software entwickelt hat[14]. Ziel war es auch das Wort „free" durch einen neutralen Begriff zu ersetzen der auch besser vermarktet werden konnte (Mundhenke 2007). Nur Lizenzen die diese Definition erfüllen dürfen das Markenzeichen „Open Source" führen. „Somit ist die Open Source Definition keine eigenständige Lizenz, sondern ein Gütesiegel zur Bewertung von Lizenzen" (Kooths et al. 2003).

Mit der Idee eines offenen Browsers konnte durchaus erfolgreich der Marktanteil von Mi-

[11] Graphical User Interface

[12] Der „Urahn" der GUI-Technologie, der Xerox Alto, wurde bereits 1972 entwickelt, schaffte es aber nie auf den Markt

[13] Daraus entwickelte sich die Mozilla Foundation mit populären Produkten wie dem Browser Firefox und dem Mailprogramm Thunderbird

[14] Die „Open Source Definition" ist unter http://www.opensource.org/docs/osd verfügbar

crosoft reduziert werden, da die freie Version mehr Funktionen anbietet und erweiterbar ist. Die Open-Source-Idee entwuchs in den späten 90-er Jahren langsam den Kinderschuhen und begann eine ernstzunehmende Konkurrenz für Microsoft und andere Anbieter proprietärer Software zu bilden. Besonders am Server-Markt hat die zunehmende Popularität von Open Source Software zu einem Marktanteil von etwa 2/3 geführt, hier dominiert der Apache-Server seine proprietären Konkurrenzprodukte. (Brunner 2005)

2.1 GNU/Linux - Ein Erfolgsmodell?

Die Anfänge dessen, was später als Linux und „freie Software" die Industrie verändern sollte lassen sich bis in das Jahr 1984 zurückverfolgen. Ein vehementer Gegner der Kommerzialisierung von Software, begann Richard Stallman, ein vorher am MIT engagierter Programmierer und Vertreter der Hacker-Kultur dieser Entwicklung entgegenzuwirken. Seine Vision war ein freies Betriebssystem, mit welchem die alten Ideale der Hacker-Kultur wieder aufleben sollten. Das Projekt GNU war geboren. [15] Die Free Software Foundation (FSF) wurde als Organisation eingerichtet. Im „GNU Manifesto" wurde diese Idee nicht ohne Polemik konkretisiert. „Complete system sources will be available to everyone. As a result, a user who needs changes in the system will always be free to make them himself, or hire any available programmer or company to make them for him. Users will no longer be at the mercy of one programmer or company which owns the sources and is in sole position to make changes" (Stallman 2002)
Trotz eines ideologischen Tons hatte das Projekt hauptsächlich einen technologischen Fokus. Das Ziel bestand darin ein freies, und vollkommen zu Unix kompatibles Betriebssystem zu schreiben. Frei darf hier nicht als Verbot mit der Software Geld zu verdienen verstanden werden. Das Verkaufen von Supportleistungen oder von Distributionsmedien ist erlaubt, ja sogar erwünscht. Lediglich das Programm an sich sollte kostenlos sein. Mit einem der ersten Produkte der FSF, dem GNU Emacs - ein Texteditor der sich noch heute einiger Beliebtheit erfreut - tauchten auch Fragen nach der Lizenzierung auf. Die Software bloß als public domain zu veröffentlichen, unter Abtretung aller Urheberrechte

[15] GNU steht für das rekursive Akronym „GNU is not Unix"

(Kapitel 4.2) hätte nicht die Prinzipien der FSF erfüllt. So wurde der Emacs als erstes Produkt unter der GPL veröffentlicht, die zur bedeutendsten Open Source-Lizenz werden sollte und gegenwärtig in der dritten Version vorliegt.

Anfangs der Neunziger war das freie System schon weitgehend fertiggestellt und umfasste die wesentlichen Funktionalitäten einer Unix-Distribution, was noch fehlte war ein Kernel, jene Komponente die den Kern eines Betriebssystems ausfüllt.
Diese Lücke wurde von der Entwicklung von Linus Torvalds geschlossen, der 1991 an seinem eigenen Betriebssystem bastelte, ein Projekt in das er die neuen Möglichkeiten des Internets einbezog um eine Community zu beteiligen und das sich später zu dem Linux-Kernel entwickeln sollte. Revolutionär war auch die Verwendung einer völlig neuartigen Organisationskultur, die jedem Interessenten die Mitwirkung und Mitentwicklung am Projekt erlaubte. Neue Versionen wurden innerhalb von kürzester Zeit veröffentlicht, in intensiven Phasen des Projekts mehrere pro Tag, was in einer Art beschleunigtem Darwinismus eine rasche Beseitigung der Fehler mit sich brachte (Raymond 1998). Erstaunlich für die vermeintlich chaotische Projektstruktur war die Qualität des erzeugten Codes. Diese Art von „bottom-up"-Entwicklungsmethode fand eine weite Rezeption und führte zur Entwicklung einiger neuer Softwareentwicklungsmodelle.[16]

Damit war die Idee eines freien, von Unix unabhängigen Systems verwirklicht. Jedoch ist Linux nicht als fertiges, monolithisches System zu betrachten das, einmal installiert, auf allen Maschinen dieselbe „out-of-the-box"-Funktionalität bereitstellt. Die verschiedenen Komponenten können individuell nach dem Prinzip eines Baukastensystems in das System eingebunden werden, was eine optimale Anpassung an die zugrundeliegende Aufgabenstellung zulässt. Das X-Window-System (X11) ist zum Beispiel jene Komponente welche die Darstellung einer graphischen Benutzeroberfläche technisch ermöglicht, aber nicht deren Aussehen bestimmt, welches allein von unabhängigen, dar-

[16]Der Changelog eines aktuellen Kernels macht die zugrundeliegende Entwicklungsstruktur deutlich ersichtlich: http://www.kernel.org/pub/linux/kernel/v2.6/ChangeLog-2.6.23.9

auf aufbauenden Programmen abhängt. Auch kann z.B. bei einem Server X11 einfach weggelassen werden. Das erklärt auch warum Linux sowohl für Server-Betriebssysteme als auch für Heimanwender attraktiv ist.
Beachtenswert scheint auch der Umstand dass es kein einheitliches Betriebssystem Linux von einem zentralen Anbieter gibt. Linux ist in verschiedenen Distributionen erhältlich, die grundsätzlich miteinander kompatibel sind und von verschiedenen Firmen und Organisationen als Distributoren angeboten werden, welche sich stark durch ihre Motivation unterscheiden. Firmen wie RedHat sind mit auf kommerziellen Erfolg abzielenden Geschäftsmodellen erfolgreich, in denen das Basissystem meist zwar gratis verfügbar bleibt, aber auch mit proprietärer Software kombiniert werden kann. Es ist gänzlich falsch anzunehmen dass auf einem Open Source Software-Betriebssystem nur Open Source Software zum Einsatz kommen kann. Andere Firmen wie Debian [17] achten darauf dass ihre Distribution nur der Definition der freien Software entsprechende Programme enthält, und sind dementsprechend restriktiv bei der Auslegung von Lizenzen.
Zusammenfassend betrachtet ist GNU/Linux wohl das bekannteste Open-Source-Produkt, das verbreitetste dürfte der Webserver Apache sein. Linux hat aufgrund seiner Flexibilität, Stabilität und Verfügbarkeit für alle gängigen Hardwarearchitekturen sich besonders am Servermarkt etablieren können. Linux hat hier einen Marktanteil von etwa 20%, bei Heimanwendern ist bei einem Marktanteil von etwa 3% noch deutliches Wachstumspotential vorhanden (Mundhenke 2007).

[17]www.debian.org

3 Software als ökonomisches Gut

nach (Mundhenke 2007) und (Kooths et al. 2003)
Software verfügt in ihrer Besonderheit über einige Eigenschaften die sie von herkömmlichen ökonomischen Gütern weitgehend unterscheidet. Die Form der Speicherung als virtuelle Folge von Nullen und Einsen auf einem geeigneten Datenträger macht Software zu einem digitalen Gut und bestimmt ihre wirtschaftliche Bedeutung. Zum einen sind aufgrund der leichten Reproduzierbarkeit dieser Datenträger die Grenzkosten praktisch vernachlässigbar. Bei Distribution über das Internet verschwinden sie ganz. **Die wesentlichen Kosten sind Fixkosten** die bei der Entwicklung eines Produkts einmalig anfallen, wobei auch hier die Eigenschaften von Software modulare Kombinationen von Bestandteilen oder Wiederverwendung von Code zulassen. Auf bereits erstellte Programmbibliotheken und Module kann bei weiterer Entwicklung zurückgegriffen werden (**Verbundvorteile**).
Bei den Fixkosten handelt es sich noch zusätzlich um versunkene Kosten. Bei einer einmal getätigten Investition fallen sie an bevor Output entstehen kann und sind nicht wieder zu kompensieren. Die Kosten für die Erstellung der Erstkopie sind also, verglichen mit der Produktion einer weiteren Einheit, exorbitant hoch. Kopien sind praktisch mit dem Original identisch und lassen sich weltweit (z.B. über das Internet) ohne Zeitverzögerung verbreiten. Somit bestehen in der Softwareindustrie auch kaum Produktionsbeschränkungen, der Grenzkostenverlauf ist also stark degressiv. (**unendliche Skalierbarkeit**). Daraus ergibt sich auch eine **natürliche Tendenz zur Internationalisierung**. Bei einem Vertrieb über das Internet erfolgt ein sofortiger Weltmarkteintritt. Aus denselben Gründen ist eine räumliche Konzentration der Entwicklung nicht nötig, ein Entwicklungsteam kann theoretisch über die ganze Welt verteilt sein und dennoch am selben Projekt arbeiten. (**räumliche Unabhängigkeit**).
Als Gebrauchsgut kann Software, wenn erst einmal installiert, theoretisch unendlich lange genutzt werden, da keine Abnutzung besteht. (**Nichtabnutzbarkeit**)
Jedoch ist zu beachten dass Software veraltert, was bei der hohen Dynamik des Marktes schnell geschehen kann. Die Einfachheit und Verlustfreiheit der Vervielfältigung, bei

der sich die Nutzer nicht direkt gegenseitig beeinflussen können, klassifiziert Software mit **Nichtrivalität** im Konsum. Die Nutzung einer Software durch einen Benutzer A hat keinerlei negative Auswirkungen auf einen Benutzer B. Es wäre nicht verfehlt hier von „Antirivalität" zu sprechen, da den Nutzern positive Netzwerkeffekte entstehen (Mühlmann 2006). Diese Eigenschaft macht es zusammen mit der einfachen, nahezu kostengünstigen Verbreitung von Software schwierig Konsumenten von ihrer Nutzung auszuschließen. Diese Eigenschaft der **Nichtausschließbarkeit** steht dem Entstehen von Strukturen marktwirtschaftlicher Prägung entgegen [18], daher ist es eine Voraussetzung für den kommerziellen Erfolg eines Softwareprodukts, zahlungsunwillige Nutzer auszuschließen. Dies kann über Beschränkung der Nutzungsrechte durch Lizenzen einerseits, oder Kopierschutzmodelle und Aktivierungscodes andererseits bewerkstelligt werden. Der „Wert" einer spezifischen Software ist sehr eng mit den Netzwerkeffekten verflochten, je mehr Anwender eine Software hat, desto höher ist der Nutzen des Einzelnen. Hier kann zwischen direkten und indirekten Netzwerkeffekten unterschieden werden:

direkte Netzwerkeffekte entstehen durch Kompatibilität, die Möglichkeiten bietet direkt zu kommunizieren oder Information auszutauschen. Je mehr Nutzer ihre Dateien im Dateiformat eines bestimmten Programmes abspeichern, desto bedeutsamer wird das Programm. Gemeinsame Standards ermöglichen einen Informationsaustausch zwischen Produkten verschiedener Hersteller. Ein Standard kann durch Einigung der Hersteller entstehen oder es kann sich einer von mehreren, miteinander inkompatiblen Standards durchsetzen. Auch eine Funktion zur Konvertierung zwischen verschiedenen Formaten für verschiedene Applikationen ist denkbar.

Indirekte Netzwerkeffekte bewirken dass mit der zunehmenden Popularität einer Software auch das Angebot an komplementären Gütern und Dienstleistungen zunimmt. Besonders bei Betriebssystemen sind die indirekten Netzwerkeffekte von großer Bedeutung, da sie über die Verfügbarkeit von Anwendungen oder die Anzahl kompetenter

[18] Auch bekannt als das „Free-Rider-Problem"

Experten entscheiden. Letztlich ist Software ein **Erfahrungsgut**: Erst bei längerfristigem Gebrauch werden die vollständigen Eigenschaften vertraut und somit aktiv nutzbar, wie die Kompatibilität mit anderer Software oder Hardware. Durch die Gewöhnung an eine Software fällt der Wechsel des Herstellers zunehmend schwer und es kann zu **Lock-in-Effekten** kommen. Der Wechsel zu einer neuen Software zahlt sich nur aus wenn ihr Nutzen den der alten Software überwiegt. Lock-in-Effekte bergen das Risiko auf einer veralterten Technologie zu stranden, wenn ein Wechsel mit enormen Kosten verbunden wäre.

3.1 Was ist Open Source-Software?

Open Source Software unterscheidet sich von anderen Software-Konzepten im Wesentlichen durch die größtmöglichen Freiheiten in der Nutzung, die dem Benutzer eingeräumt werden, herauszuheben ist vor allem die freie Verfügbarkeit des Quellcodes, welcher auch modifiziert und anschließend verbreitet werden darf. Der Quellcode besteht aus Programmieranweisungen des Verfassers, welche in einer höheren Programmiersprache verfasst und daher auch vom Menschen lesbare Sprachkonstrukte darstellen, sie ermöglichen volle Nachvollziehbarkeit der Funktionsweise des Programms.
Die wesentlichen Eigenschaften wären demnach:

- Offen zugänglicher Quellcode
- Uneingeschränkte Nutzung, Veränderung oder Ergänzung
- In modifizierter wie nichtmodifizierter Form lizenzkostenfreie Vervielfältigung und Verbreitung

(Mundhenke 2007)
Über eine Klassifikation als Open Source Software entscheiden die Nutzungsregeln einer Lizenz, die Open Source Definition hat genaue Kriterien für Open Source entwickelt. Zur Ausführung eines Programmes muss der Quellcode in Maschinensprache übersetzt werden, was als Kompilieren bezeichnet wird. Das in der resultierenden Form vorliegende

Programm wird als Objektcode bezeichnet, welcher nun für den Menschen unlesbar geworden ist, und nur durch aufwändige Prozesse teilweise wieder in Quellcode rückführbar ist. Diese Rückführungen sind äußerst mangelhaft, da sie wenig über die Programmiersprache und den eigentlichen Code aussagen in dem das Programm geschrieben wurde. Ein weiterer populärer Begriff ist „freie Software“ (Free Software), welcher, obwohl hier derselbe Ansatz vorliegt, großteils, aber nicht vollständig mit dem Begriff Open Source Software deckungsgleich ist. Das englische Wort „free“ stellt hier im semantischen Zusammenhang nicht auf die zwingende kostenlose Verfügbarkeit ab, sondern eher auf die Freiheiten in der Nutzung. „Free software is a matter of liberty, not price. To understand this concept, you should think of free as in free speech, not as in free beer “ (Stallman, Free Software Definition) Der Begriff „freie Software“ entstand mit dem GNU-Projekt, ist daher älter als der Begriff Open Source Software und bemüht sich eher gesellschaftspoltische Aspekte in den Vordergrund zu rücken und einen „philosophischen“ Rahmen aufzuzeigen, Open Source Software impliziert eine pragmatischere Sichtweise. So sind zum Beispiel einige Open Source Software-Lizenzen aus der Sicht der „freien Software“ zu restriktiv für den Nutzer oder es werden Komponentenbündel die quelloffene mit proprietärer Software mischen, strikt abgelehnt. Die bloße Verfügbarkeit des Quellcodes reicht nicht um ein Produkt als „freie Software“ zu deklarieren.

Für den Gegensatz zu Open Source Software soll der Begriff „proprietäre Software“ oder alternativ Closed-Source-Software (CSS) verwendet werden, „kommerzielle Software“ wäre als Bezeichnung nicht ganz treffend, da auch Open Source Software, wie in Kapitel 6 aufgezeigt werden soll, sich in auf Gewinn abzielende, marktwirtschaftliche Geschäftsmodelle integrieren lässt.
Die Unterschiede zu herkömmlicher proprietärer Software sind viel weitreichender und gegensätzlicher als bloß auf das Kriterium des verfügbaren Quellcodes und der Freiheit bei der Nutzung desselben abzustellen. Open Source Software hat auch radikal neue Entwicklungsmodelle hervorgebracht, die aus den Möglichkeiten einer globalen und vernetzten, dezentralen Community entstanden sind. Veranschaulichend hierfür ist die Idee ei-

nes orientalischen Basars als sinnbildgebend für die Open-Source-Entwicklung, während die Entwicklung proprietärer Software dem Bild eines Kathedralenbaus entspricht (Raymond 1998). Als Beispielgebend für diese Entwicklung kann der Linux-Kernel genannt werden, bei dem zum ersten Mal in einem erfolgreichen Projekt der bottom-up-Ansatz der „Basar-Struktur“ zum Ausdruck kam und bis heute beibehalten wurde.

3.2 Proprietäre Software

Als gegensätzliches Modell zu Open Source hat sich der Begriff „proprietäre Software“ etabliert. Die Abgrenzung ist nicht immer leicht zu vollziehen. Auch frei verfügbare Software wie Freeware-Produkte - der kostenlose Bezug der Software ist kein Kriterium - erfüllen durch die fehlende Verfügbarkeit des Quellcodes und der Einräumung der Nutzungsrechte nicht den Kriterien für Open Source Software. Bei proprietären Softwaremodellen wird davon ausgegangen dass es sich bei Software um geschütztes geistiges Eigentum handelt, eine Tatsache die den Ausschluss Dritter rechtfertigt und zahlenden Kunden mittels einer Lizenz ein einfaches Nutzungsrecht einräumt, Modifikationen und Weitergabe sind untersagt. Das Programm wird ausschließlich im Binärformat vertrieben, der Quellcode bleibt ein gut gehütetes Firmengeheimnis das einen Vorsprung gegenüber der Konkurrenz sichert. Software ist Ausdruck einer schöpferischen, geistigen Idee und unterliegt - wenn Nichttrivialität vorliegt - dem Urheberrecht. Gleichzeitig ist sie jedoch auch ein technisches Produkt dessen spezifische technische Routinen wie Algorithmen patentiert werden können und somit dem Patentschutz unterliegen. Dieses Spannungsfeld soll noch ausführlich behandelt werden.

4 Geistiger Eigentumsschutz an Software und Lizenzierungsmodelle

Eine moderne Ökonomie profitiert in hohem Ausmaß von Innovationen, da diese einen wohlfahrtssteigernden Effekt versprechen. Daher ist es wirtschaftlich sinnvoll Anreize zur Entwicklung von Innovationen und technischen Weiterentwicklungen zu schaffen. Das klassische Problem der ökonomischen Theorie zufolge ist der mangelnde Anreiz für Unternehmen in Forschung oder Weiterentwicklung zu investieren wenn die erzeugten Neuerungen nicht einem Schutz unterstellt werden der dem Eigentümer die Verfügung über sein Produkt gewährt und es gleichzeitig vor dem unbefugten Zugriff der Konkurrenz schützt. Ansonsten wäre es für einen Konkurrenten opportun lediglich die vorhandene Innovation nachzubauen, was nur Kosten für die Herstellung entstehen lassen und keine vorangehende Forschung und Entwicklung erfordern würde, da er sich die zugrundeliegende Idee einfach aneignen könnte. Um diesen Effekt zu verhindern wurden künstliche Anreizsysteme entwickelt die den Erfinder die Rechte an seiner Erfindung wahren lassen. Am verbreitetsten ist das geistige Eigentumsrecht (Intellectual Property Right) das sich wiederum in Unterbereiche gliedert, wovon das Urheberrecht und das Patentrecht die bekanntesten Ausformungen sind, die hier auch kurz in Hinblick auf Software behandelt werden sollen. Der rechtliche Rahmen zum Schutz geistigen Eigentums erlaubt es nun dem Schöpfer eine widerrechtliche Verwendung seiner Ideen gerichtlich zu belangen.

4.1 Urheberrecht und Patentrecht

Obwohl sie beide auf den Schutz geistigen Eigentums abzielen unterscheiden sich Urheberrecht und Patentrecht wesentlich durch ihre Abdeckung und spezielle Ausformung des Schutzes. Hier kommt auch das so genannte Territorialitätsprinzip zur Geltung: „Der Schutz eines geistigen Eigentumsrecht kann nur in dem Staat beansprucht werden, in welchem es erteilt wurde“ und „Das Urheberrecht entsteht zwar ohne staatlichen Registrierungsakt, gleichwohl geht man auch hier von einem Flickenteppich nationaler

Urheberrechte aus, die sich nach der jeweiligen Rechtsordnung beurteilen". (ifross 2005). Auf detailierte Fragen der rechtlichen Zuständigkeit soll hier nicht eingegangen werden, es ist für die Zielsetzung der Arbeit ausreichend Urheberrecht und Patentrecht entsprechend im Lichte von Open Source Software zu behandeln.

Das Urheberrecht/Copyright schützt die Rechte eines Erfinders an seinem Werk. Ein nichttriviales Produkt geistiger Anstrengung fällt automatisch unter seinen Geltungsbereich. Der Autor kann nach freiem Ermessen über das Werk verfügen und es z.B. geschäftlich vermarkten oder verkaufen. Der zeitliche Geltungsanspruch des Urheberrechts entsteht automatisch mit der Schöpfung des Werkes und erlischt in Europa 70 Jahre nach dem Ableben des Urhebers, in den USA 75 Jahre nach seiner Entstehung (Mühlmann 2006). Trotz der langen Laufzeit ist der Abdeckungsgrad des Urheberrechts als eher gering anzusehen. Es schützt zwar die konkrete Ausführung, aber nicht die zugrundeliegende Idee. Zum Beispiel kann der Autor eines Romans nicht verhindern dass dieselbe Geschichte von einem anderen Schriftsteller aufgegriffen und auf eine andere Weise erzählt wird. Das Urheberrecht gewährt vor allem bei Kunstwerken einen adäquaten Schutz und umfasst alle Ergebnisse geistiger Produktion, sofern sie nichttrivial sind, folglich unterliegt ihr auch Software als komplexes Produkt der Anstrengungen eines oder mehrerer Programmierer. (Mühlmann 06)

Das Patentrecht ist auf den Schutz technischer Erfindungen zugeschnitten. Die Eigenschaften von Software, sowohl technisches Produkt als auch Ausdruck geistigen Schaffens zu sein, ermöglichen theoretisch die Anwendungen beider Schutzmechanismen auf Software. Ein Patent gewährt das exklusive Verfügungsrecht über eine Erfindung und ermöglicht so auf künstlichem Weg eine Monopolstellung bei der Verwendung des geschützten technischen Verfahrens. Im Unterschied zum Urheberrecht entsteht ein Patent an einem Produkt nicht automatisch, sondern muss beim Patentamt angemeldet werden.

„Kriterien für eine Anmeldung sind die Technizität der Erfindung, eine ausreichende Erfindungshöhe (es darf für einen Fachmann auf dem Gebiet nicht offensichtlich sein), die Neuheit (wobei ein Kunstbegriff namens „Weltöffentlichkeit“ den Maßstab für Neuheit bildet), sowie die gewerbliche Verwertbarkeit“ (Mühlmann 2006). Für den Erfinder ist es nicht erforderlich die genaue Funktionsweise zu kennen, es genügt zu wissen wie die Lösung wiederholt erreicht werden kann. Technische Innovation wird durch den Schutz von Patenten mit einer temporären Monopolstellung belohnt. Die Laufzeit eines Patents ist wesentlich geringer und beträgt maximal 20 Jahre, wobei es vom Patentinhaber jährlich zu verlängern ist. Der Bereich der Abdeckung ist, verglichen mit dem Urheberrecht, breiter und schützt hier auch wirklich die Implementierung der Idee (Mühlmann 2006). Der Idee nach sollten Patente besonders KMUs[19] Schutz vor übermächtigen Konkurrenten gewähren, allerdings ist es besonders bei großen, multinationalen Firmen durchaus üblich sich ein großes Patentportfolio zu halten was das hohe Risiko des Erfolgs eines Patents mindert, aber auch möglicherweise kleinere Unternehmen von ihnen abhängig macht um das von anderer Technologie abhängige Produkt überhaupt auf den Markt bringen zu können.

4.1.1 Open Source und Softwarepatente

Die Beziehung zwischen Open Source Software und Softwarepatenten ist als äußerst heikel zu bezeichnen. Einerseits verbieten Patente die Implementierung von geschützten Funktionen und Algorithmen in quelloffene Software, andererseits würde das Zurückgreifen auf Patente zum Schutz von Open Source Software vor unbefugtem Nachbau selbst die philosophischen Prinzipien freier Software untergraben. Nachdem das dem Urheberrecht entstammende Copyleft-Prinzip von Open Source Software nicht die „breiteren“ Schutznormen über die zugrundeliegende Idee des Patentrechts umfasst, könnten Softwarepatente die Idee hinter Open Source Software weitgehend untergraben. Im negativsten Fall können Patente auch dazu verwendet werden die Entwicklung neuer Software zu verhindern und Lizenzzahlungen von Herstellern zu erwirken, ein Szenario das bei großen

[19] Kleine und mittlere Unternehmen

Firmen mit entsprechender Marktmacht häufig Einsatz findet (Stallman 2002).
Durch die übliche Struktur hinter Open-Source-Projekten die nicht von einer Firma gesteuert oder einer juristischen Person vertreten werden, werden die Anreize an eine große Firma Lizenzzahlungen zu leisten minimal sein und wären auch schwer finanzierbar, da Softwareprodukte nach dem Open-Source-Prinzip nicht mittels Lizenzeinnahmen finanziert werden. Auch ist es schwer durchsetzbar eine nicht auf Gewinn abzielende, dezentrale Community mit Lizenzzahlungen zu belangen.
Bestrebungen in der Open-Source-Welt dieser Entwicklung durch den Erwerb eigener Softwarepatente entgegenzutreten sind zum Teil durch mit Open Source Software wirtschaftende Firmen vorhanden[20] und werden mit einiger Skepsis betrachtet, da sie teils als Alibihandlung verstanden werden und nur durch spärliche finanzielle Mittel gestützt sind. Eine weitere Strategie ist es durch aggressives Publizieren das Verhindern von Patenten durch kommerzielle Anbieter zu verhindern, indem aufgezeigt wird dass es am Kriterium der Neuheit mangelt (Brunner 2005).
Während es in den USA üblich ist das Patentrecht auch auf Software zu erstrecken, wurde eine Richtlinie der EG[21] über die Patentierung von Software vom Europäischen Parlament abgelehnt, letztlich auch durch die Berücksichtigung der Interessen freier Software, deren Advokaten vor der schädlichen Auswirkung von Patenten auf Software warnten.(Mühlmann 2006) Dieser ursprüngliche Vorschlag der Kommission von 2002 sollte einer unbegrenzten Patentierbarkeit von Software den Weg ebnen. Es kann an dieser Stelle eingewendet werden dass dennoch gegenwärtig über 30000 europäische Patente im Bereich Informationstechnologie existieren, die im Einklang mit den gesetzlichen Vorschriften stehen (ifross 2005). Erwähnenswert ist hier auch der Fall der Stadt München, die zu der Migration von 14000 Arbeitsplätzen auf GNU/Linux ein Gutachten über die patentrechtlichen Risiken anfertigen ließ. Das Gutachten kam zu dem Ergebnis dass „keine erhöhte Gefahr von rechtlichen und wirtschaftlichen Konsequenzen beim Einsatz von freier Software besteht“ (ifross 2005).

[20] Novell, Red Hat oder IBM
[21] http://www.europa.eu.int

4.2 Abgrenzung zu weiteren Lizenzmodellen

Zur Ermöglichung eines Vergleichs mit anderen exemplarischen Modellen der Lizenzierung sollen hier einige häufige Modelle beschrieben werden. Hier gilt zu beachten dass die Trennlinie zwischen den verschiedenen Kategorien nicht immer sauber verläuft und eine starre Einordnung in Open-Source-Modelle und Closed-Source-Modelle nicht immer möglich ist. Auf diese Besonderheit soll jedenfalls bei den Lizenzarten gebührend eingegangen werden. (nach Gutsche 2006 Mundhenke 2007)

Public domain software *Public domain* ist genau genommen kein Lizenzmodell zum Schutze der Interessen des Urhebers, sondern paradoxerweise dem entgegengesetzt. *Public domain Software* entsteht dann, wenn der Autor vollständig seine Rechte an seinem Werk abtritt und es der öffentlichen Sphäre (etwa übersetzbar mit public domain) überlässt. Diese „Umkehrung“ des Urheberrechts kann gezielt genutzt werden um das Werk der Öffentlichkeit zur freien Verwendung zu überlassen. Jedoch ist das Beifügen des Sourcecodes für diese Lizenz unerheblich, der Autor kann, muss aber nicht den Quellcode zusammen mit dem Programm veröffentlichen. Daher muss *Public Domain Software* nicht unbedingt Open Source Software sein. Problematisch sieht auch der Fall der Aneignung und kommerziellen Verwertung des Codes durch einen Dritten aus, was die Open Source Idee ad absurdum führen würde. Daher ist die Public Domain-Lizenzierung nicht geeignet um die Idee hinter Open Source zu propagieren. Anzumerken ist auch dass die völlige Abtretung der Urheberrechte, die Loslösung des Urhebers von seinem Werk in der anglo-amerikanischen Rechtstradition entstanden ist. Nach kontinentaleuropäischer Sicht ist es nicht möglich den Urheber völlig von seinem Werk zu trennen. Bei Open Source werden die Rechte des Urhebers bewusst erhalten um die Einhaltung der Open-Source-Kriterien zu sichern.

Freeware Hierbei handelt es sich meist um proprietäre Software, die dem Nutzer kostenlos überlassen wird. Meist ist der Anreiz für dieses Handeln in den bedeutsamen

Netzwerkeffekten begründet, die mit einer großen Nutzerbasis entstehen. [22] Der Nutzer erhält auch das Recht die Software weiterzugeben. Der Quellcode wird meistens unter Verschluss gehalten, jedoch ist dies kein zwingendes Kriterium. In der Regel wird weitere Modifizierung untersagt und lediglich das Recht der Nutzung eingeräumt.

Shareware Shareware ist ein Vertriebsmodell zur Penetration eines Marktes. Dabei wird ähnlich zur Freeware vorgegangen: Ein proprietäres Programm wird zunächst dem Nutzer für eine beschränkte Testperiode[23] oder mit eingeschränkter Funktionalität überlassen. Der Benutzer hat ausreichend Zeit sich mit der Software vertraut zu machen und sie auszuprobieren[24]. Um eine uneingeschränkt funktionstüchtige Software nutzen zu können muss der Benutzer sie käuflich erwerben, im Gegenzug erhält er einen Aktivierungscode oder Lizenzschlüssel[25] um die Software freizuschalten. Somit ist Shareware als besonderes Vertriebsmodell für proprietäre Software zu sehen. Shareware darf in der eingeschränkten Version weiterverbreitet werden. Als Beispiel für erfolgreiche Shareware wäre das Computerspiel Doom von „id software“ zu nennen. Bei Computerspielen war es lange Zeit üblich ein Spiel in mehrere Episoden zu unterteilen, von denen die erste meist kostenlos als Shareware beziehbar war.

Shared Source Bei Shared Source handelt es sich um eine Idee von Microsoft, die als Reaktion auf die Open-Source-Bewegung aufgefasst werden kann. Erstmals 2001 vorgestellt, wird hier ausgewählten Kunden [26] als Partner von Microsoft Einsicht in den Quellcode von Microsoft-Produkten gewährt. Allerdings verbleiben alle Rechte bei Microsoft und strikte „non-disclosure agreements“ verbieten die Weitergabe. Erstmals wurde dieses Konzept bei dem Betriebssystem für Handhelds und ultraportable Geräte „Windows CE“ verwendet. Microsoft neigt zwar noch immer dazu Open Source Software

[22]Das wohl bekannteste Beispiel für Freeware ist der Internet Explorer von Microsoft, mit dem sich Microsoft am Browsermarkt eine Monopolstellung sicherte

[23]engl. trial period

[24]Die Besonderheiten von Software als Erfahrungsgut wurden eingangs ausführlich diskutiert

[25]engl. key

[26]z.B. Hardwareentwickler oder akademische Einrichtungen

als Bedrohung für das „Software-Ökosystem“ zu sehen, eine Haltung die zwar nicht vollkommen feindlich, aber doch kritisch und ablehnend ist. Das ASP.NET Starter Kit erlaubt Benutzern erstellte Werke zu verbreiten, sofern die originale Lizenz intakt bleibt, ein an die Verbreitung von Open Source Software erinnernder Ansatz.

5 Open Source Lizenzen

Zum rechtlichen Schutz von Open Source Software und zur Abgrenzung von anderen Lizenzmodellen sind zahlreiche Lizenzen entstanden[27], die als Open Source Lizenzen bezeichnet werden können. Dieser Begriff ist leider nicht immer klar abgrenzbar, da hier ein breiter Gestaltungsspielraum vorliegt und auch Modelle von Firmen existieren die sich die Rechte auf proprietäre Verwendung offenen Quellcodes sichern. Häufig tritt der Fall ein dass eine Lizenz speziell für ein Produkt entwickelt wird.[28] Für die Klassifikation als Open Source Lizenz ist eine Orientierung an den Kriterien der „Free Software Definition" und der „Open Source Definition" erforderlich. Im Unterschied zur „Free Software Definition" verlangt die OSD, welche pragmatischer ausgerichtet ist und Open Source Software auch für die Wirtschaft attraktiv machen möchte nicht, dass die Lizenz des ursprünglichen Programms auf alle Weiterentwicklungen abgewendet werden muss (Brunner 2005). Somit wäre die Vererbbarkeit der ursprünglich zur Anwendung kommenden Lizenz das zentrale Unterscheidungsmarkmal zwischen „freier Software" und „Open Source", also der Umfang der Befugnisse die einem Lizenznehmer über die veränderte Programmversion zustehen. Vorhandene Lizenzen lassen sich nach der Strenge dieses sog. „Copyleft-Effekts" klassifizieren (mehr dazu sogleich). Mit der zunehmenden Verbreitung von Open Source Produkten veränderten sich auch die Lizenzierungsmethoden. War die GPL ursprünglich die vorherrschende Lizenz in den achtziger Jahren, so haben sich mit der zunehmenden Verbreitung der Open-Source-Idee im Unternehmenssektor mittlerweile auch weniger restriktive Lizenzen etabliert. (Kooths et al. 2003)

Non-Copyleft-Lizenzen sind weitgehend an die „BSD-License" angelehnt. Diese Arten von Lizenzen sind meist sehr knapp gehalten und dienen hauptsächlich der Einräumung von Rechten und der Absicherung des Haftungsausschlusses. Nachdem Derivate eines Programms unter diesem Lizenztyp nicht unter dieselbe Lizenz gestellt werden müssen,

[27]Eine Auflistung des Instituts für Rechtsfragen der Freien und Open Source Software findet sich unter http://www.ifross.de/ifross_html/lizenzcenter.html

[28]Die MPL für das Mozilla Project wäre ein Beispiel.

steht es dem Entwickler frei sein Produkt unter einer anderen Lizenz, oder sogar proprietär zu vertreiben. (ifross 2005) Weitere bekannte Vertreter dieses Lizenztyps sind die Apache Software License oder die OpenLDAP Public License.

5.1 Das Prinzip des Copyleft

„Copyleft says that anyone who redistributes the software, with or without changes, must pass along the freedom to further copy and change it“(Stallman, 2002) Copyleft benennt den von Richard Stallman erdachten Begriff um die Prinzipien seiner freien Software, hauptsächlich die Prinzipien der freien Verwendung und Weitergabe lizenztechnisch zu wahren. Die Copyleft-Klausel kann somit als das wichtigste Instrument der GPL verstanden werden. Zu beachten ist dass es sich bei Copyleft nicht um die völlige Abtretung des Urheberrechts handelt, intendiert ist eine „Umkehrung“ des Urheberrechts die eben genau die durch dieses entstandenen Rechte einsetzt um die Idee der freien Verteilung von freier Software zu sichern. Interessant sind in diesem Zusammenhang die von Stallman aufgestellten vier Freiheiten welche in der „Free Software Definition“ die zugrundeliegende Idee zum Ausdruck bringen.

- freedom 0: The freedom to run the program, for any purpose[29]
- freedom 1: The freedom to study how the program works, and adapt it to your needs (Access to the source code is a precondition for this)
- freedom 2: The freedom to redistribute copies so you can help your neighbor.
- freedom 3: The freedom to improve the program, and release your improvements to the public, so that the whole community benefits (..)

(Stallman 2002)

Um eine Einhaltung der letzten dieser Freiheiten über den ganzen Lebenszyklus eines Softwareprodukts zu erreichen wird die Copyleft-Klausel zur Vertragsbestimmung

[29] Die Zahl 0 wurde verwendet um auszusagen dass diese Freiheit so selbstverständlich ist dass sie keiner Diskussion bedarf (Korb 2001)

erhoben. Somit kann sie zusammen mit der GPL als Umsetzung der vier Freiheiten verstanden werden (Korb 2001).

5.2 GPL

Die GPL ist wie keine andere Softwarelizenz mit dem Begriff der „freien Software“ verwoben. Diese Betrachtung soll die näheren Charakteristika der GPL skizzieren und nur am Rande juristische Dimensionen berühren.
Ursprünglich für die Verbreitung der „freien“ Produkte des GNU-Projekts gedacht, ist sie heute zur wichtigsten unter den Open Source Lizenzen avanciert. Wissenschaftliche Untersuchungen haben ihr einen Anteil von über 50 % bei Open Source Projekten bestätigt, darunter auch der Linux Kernel (Brunner 2005 nach Wheeler). Die FSF behält sich das Recht vor von Zeit zu Zeit neue Versionen der GPL herauszubringen. Wenn die maßgebliche Lizenzversion einer Software nicht ausdrücklich festgelegt ist, kann die unter GPL gestellte Software unter dieser neuen Lizenz genutzt werden. Auf diese Weise kann die GPL an geänderte technische oder rechtliche Rahmenbedingungen angepasst werden, der Geist (spirit) der ursprünglichen Version muss dabei gewahrt werden. (ifross 2005) Gegenwärtig liegt die GPL in der 3. Version vom 29. Juni 2007 vor. [30] Der Einfluss auf andere Open Source Lizenzen der GPL lässt sich durch die erstmalige Verwendung der *Copyleft*-Klausel erklären. Anders als Endanwender-Lizenzvereinbarungen (EULAs) ist die GPL kein Vertrag der sich auf die Regelung der Benutzung des Programms beschränkt. EULAs sind die bei proprietärer Software üblichen Lizenzverträge die dem Benutzer höchstens Nutzerrechte einräumen und hauptsächlich regeln was bei der Benutzung der Software verboten sein soll. (ifross 2005) Die GPL gestattet dem Nutzer noch weitergehende Rechte, wie Weiterentwicklung oder Vertrieb. Somit kann der User auch selbst zum Händler und Entwickler der Software werden. Computerprogramme unterliegen als Ausdruck geistiger Anstrengung dem Urheberrecht (Kapitel 4). Dieses räumt dem Schöpfer eines Werk die Bestimmung der gestatteten Nutzungsrechte ein. Genau dieses Prinzip wird in der GPL genutzt um den Benutzer des Programms die in

[30] http://www.gnu.org/licenses/gpl.html

der Free Software Definition beschriebenen Rechte einzuräumen.

Die Pflichten und Rechte der GPL sind im Überblick zusammengefasst. Wichtig ist dass bei bloßer Benutzung überhaupt keine Pflichten bestehen. (nach ifross 2005)

1. **Mitlieferung des Lizenztextes** - Jeder ausgelieferten Programmkopie muss auch der Lizenztext beigefügt sein.
2. **Copyrightvermerk** - Das Programm muss von einem deutlich auffindbaren Copyrightvermerk begleitet sein, bestehende Copyrightvermerke dürfen nicht entfernt werden.
3. **Haftungsausschluss** - Jeder Programmkopie ist ein Hinweis auf den Haftungsausschluss beizufügen.
4. **Zugänglichmachung des Quelltextes** - Bei einem Vertrieb des Programms im Objectcode muss der Quelltext ebenfalls zugänglich sein.
5. **Pflichten beim Vertrieb von Veränderungen eines GPL-Programms**
    - Copyleft - Lizenzierung eigener Erweiterungen unter der GPL: Ein Derivat der Software darf nur unter den Lizenzbedingungen der GPL an Dritte weitergegeben werden.
    - Änderungen müssen deutlich mit Datumsangabe vermerkt sein.
    - Anzeige bei interaktiven Programmen: Ein interaktives Programm muss auch die Hinweise über die GPL enthalten.
6. **Verbot von zusätzlichen Pflichten** - Die Nutzung der Software darf nicht von zusätzlichen Pflichten abhängig gemacht werden.

Die berühmte Copyleft-Klausel sichert die Geltung der GPL in allen Weiterentwicklungen und verhindert eine Einbindung in proprietäre Software. Dieses Konstrukt wird auch als „virale“-Klausel der GPL bezeichnet.

Verstöße gegen die GPL lassen die urheberrechtlich eingeräumten Nutzungsrechte automatisch erlöschen, da diese von vornherein nur unter der Bedingung eingeräumt werden, dass der Lizenznehmer die Vertragspflichten beachtet. Ein Verstoß ist daher nicht nur eine Vertrags-, sondern auch eine Urheberrechtsverletzung. Diese Konstruktion ist umstritten, denn auf diese Weise könnte jeder Softwarehersteller seinen Nutzern bei Verstoß gegen die Vertragsbedingungen die urheberrechtlichen Nutzungsrechte entziehen und sie somit zu „Raubkopierern“ machen.

Konsequenzen für die Praxis Bei einer unternehmerischen Nutzung von Open Source Software taucht früher oder später die Frage nach der Haftung für fehlerhafte Produkte oder Schäden die durch ihre Nutzung entstehen auf. Es entsteht schnell der Eindruck dass Open-Source-Produkte ein wesentlich höheres Risiko darstellen als proprietäre Produkte, zumal eine dezentrale, nicht auf Gewinn orientierte Community schwer belangt werden kann und meistens Haftung für das Produkt schon durch die Lizenz ausgeschlossen ist. Frei verfügbare Software, die kostenlos über das Internet bezogen werden kann, weist vielmehr die Charakteristika einer Schenkung auf. Dem kann entgegen gehalten werden dass bereits viele Firmen spezielle Supportmodelle zu solchen Produkten anbieten, bei einem umfassenden Betreuungsvertrag mit einer solchen Firma kann das Risiko auf sie übergehen. Sofern etwas für die Software bezahlt wurde gelten die gleichen Haftungs- und Gewährleistungsansprüche wie bei proprietärer Software (ifross 2005). Ein durchaus ironisches Zitat an gleicher Stelle relativiert die Schwere des Haftungsausschlusses bei Open Source: „Es sei gleichwohl darauf hingewiesen, dass es in den letzten 20 Jahren in Deutschland nahezu keine gerichtlich anhängigen Fälle gegeben hat, in denen Anbieter herkömmlich vertriebener Software für Fehler ihrer Produkte in die Haftung genommen wurden. Dem stehen tausende veröffentlichte Gerichtsentscheidungen zur Mängelhaftung bei Kfz oder Industriemaschinen gegenüber. ... Der Blick auf die Praxis der Softwarebranche legt eher den Schluss nahe, dass sich die Kunden damit abgefunden haben, dass Programme stets mit Fehlern behaftet sind, und sich für alles weitere auf den kostenpflichtigen Support haben vertrösten lassen. In Märkten, die durch stärkeren

Wettbewerb geprägt sind, formulieren die Kunden ihre berechtigten Ansprüche offensiver“ (ifross 2005).

Gerichtsentscheidungen zur GPL sind überraschenderweise selten. Erstaunlich scheint die Tatsache dass erst 15 Jahre nach Entstehung der GPL das erste Gerichtsurteil gefällt wurde. Ein Urteil des Landesgerichts München, das die Geltung der GPL bestätigt hat, hat 2004 entschieden dass jemand der die Pflichten der GPL nicht beachtet seine Rechte aus der GPL verliert. Auch die FSF hat bereits einige außergerichtliche Einigungen herbeigeführt, um die Einhaltung der GPL zu wahren (ifross 2005).

5.3 BSD

Diese Lizenz entstand an der Berkeley University und wurde für die Weiterentwicklung des eigenen Unix-Derivats geschaffen. Der Lizenztext ist vergleichsweise kurz gehalten. Die originale Lizenz besteht aus vier Punkten wovon die ersten zwei ein Hinweis auf die gültigen Urheberrechte bei der Weiterverbreitung der binären oder quelloffenen Version sind. Eine interessante Besonderheit ist Punkt 3, der eine „Werbeklausel“ enthält, welche die Erwähnung der University of California bei der Bewerbung des Produkts fordert. Nachdem diese Klausel eine Verpflichtung darstellt, welche die GPL nicht kennt, wird die BSD-License in ihrer ursprünglichen Form als nicht kompatibel mit der GPL angesehen. Verstärkte Bemühungen der FSF haben dazu geführt dass eine modifizierte BSD-Lizenz ohne Werbeklausel verwendet wird. Abschließender Bestandteil der BSD-Lizenz ist ein Haftungsausschluss. (ifross 2005). BSD-artige Lizenzen verfügen über keinen Copyleft-Effekt und schreiben nicht die Verwendung einer bestimmten Lizenz vor.

Ein gutes Beispiel für die profitable Nutzbarmachung eines Produkts unter einer BSD-Lizenz ist Apple. Bei der Entwicklung des Betriebssytems „Mac OS“ kam der Kernel einer BSD-Variante zum Einsatz, was einerseits die Konzentration des Entwicklerteams auf andere Schwerpunkte erlaubte und andererseits eine stabile Basis für das System schuf.

5.4 LGPL

Die Lesser General Public License wurde ebenfalls von der FSF entworfen und ist auf die Lizenzierung von Programmbibliotheken zugeschnitten. Der wesentliche Unterschied zur GPL besteht darin, dass sie auch im weiten Umfang Kombinationen von Sofwaremodulen unter verschiedenen Lizenzen zulässt (ifross 2005). Die LGPL wurde ursprünglich entworfen um die Verbreitung und Attraktivität freier Programmbibliotheken wie der GNU C Library zu erhöhen. Bibliotheken die der LGPL unterliegen können somit auch in proprietäre Programme eingebunden werden ohne dass dieselbe Lizenz für alle Programmbestandteile verwendet werden muss. Ursprünglich verbarg sich hinter dem Akronym der Name „Library General Public License". Mittlerweile empfiehlt die FSF auch für Bibliotheken die GPL, um diese Strategieänderung auszudrücken wurde die LGPL entsprechend in „Lesser General Public License" umbenannt um den Vorrang der GPL auszudrücken [31] (ifross 2005). Die LGPL ist jedoch kein Freibrief für beliebige Durchdringung und Vermischung von freier mit proprietärer Software. So muss zum Beispiel das proprietäre Programm (durch Schnittstellen oder Offenlegung des Quellcodes) auch zu neuen oder veränderten LGPL-Libraries kompatibel sein.

5.5 MPL

Die MPL wurde anlässlich der Freigabe des Quellcodes des Netscape Navigators geschaffen. Wie bereits erwähnt hatte dieser Browser im Konkurrenzkampf gegen Microsofts Freeware-Produkt „Internet Explorer" verloren, durch die Freigabe des Codes sollte eine totale Dominanz Microsofts am Browsermarkt verhindert werden. Zunächst wurde mit Hilfe der OSI die Netscape Public License (NPL) entworfen. Diese Lizenz war allerdings wenig populär, da sie Netscape einige Sonderrechte einräumte. Diese Sonderrechte haben

[31] http://www.gnu.org/licenses/why-not-lgpl.html

die Auffassung entstehen lassen dass es sich bei der NPL um keine offene Lizenz handelt (Gutsche 2005). Die NPL erlaubt es Netscape Software unter dieser Lizenz in seine proprietären Produkte zu integrieren. Zu deren Abschwächung wurde die Mozilla Public License geschaffen. Während der Kern unter den NPL stand, wurden Neuerungen der MPL unterstellt, die von der FSF als „frei“ anerkannt wird und sogar Veröffentlichungen unter einer anderen zu dieser kompatiblen Lizenz zulassen (Korb 2001).

Die MPL wurde als Mittelweg zwischen den Interessen wirtschaftlicher Verwertbarkeit und solcher der Community erstellt. Weiterentwicklungen müssen ebenfalls der MPL unterstellt werden, die MPL erlaubt aber im Gegensatz zur GPL den Vertrieb zusammen mit proprietären Bestandteilen. Das entstandene neue Werk muss nicht wieder unter der MPL lizenziert werden. (Mundhenke 2007) „Die Mozilla Public License (MPL) und einige ihr nachgestaltete Lizenzen enthalten ein abgeschwächtes Copyleft. Anders als bei der GPL muss nicht jede Weiterentwicklung oder jedes abgeleitete Werk unter der MPL lizenziert werden, sondern nur solche Modifikationen, die in bestehenden Dateien vorgenommen werden. Werden hingegen neue Dateien hinzugefügt, gelten diese als »Larger Work« und können auch unter anderen (zum Beispiel proprietären) Lizenzbedingungen vertrieben werden. Ziel dieses Lizenztyps ist es, die Kombination von Softwarebestandteilen unter verschiedenen Lizenzbedingungen zu erleichtern.“ (aus ifross 05)

5.6 Andere Open Source Lizenzen

5.6.1 Lizenzen mit Wahlmöglichkeiten

Lizenzen mit Wahlmöglichkeiten sehen keine einheitlichen rechtlichen Folgen für Modifikationen und Weiterentwicklungen vor. Vielmehr - oft vom Umfang der Modifikation abhängig - werden dem Lizenznehmer bei der Weiterverbreitung des Programms unterschiedliche Wahlmöglichkeiten eingeräumt. Bekanntester Vertreter dieses Typs von Lizenz ist die Artistic License [32] oder die LaTeX Project Public License (LPPL) (v.

[32] http://www.perlfoundation.org/artistic_license_2_0

1.2)[33].

5.6.2 Lizenzen mit Sonderrechten

Lizenzen mit Sonderrechten sind zwar auf den ersten Blick mit herkömmlichen Open Source Lizenzen deckungsgleich, bei näherer Betrachtung erschließt sich dass dem Autor (Lizenzgeber) hier einige Sonderrechte eingeräumt werden. Auf diese Weise kann sich ein Unternehmen die Kontrolle an einem Open Source Projekt sichern, die ihm erlaubt es unter einer proprietären Lizenz zu vertreiben. Verbreitet ist diese Art von Lizenzen besonders bei Programmen die ursprünglich proprietär vertrieben wurden (ifross 2005). Beispiele wären die Netscape Public License[34], Version 1.1. oder die Apple Public Source License[35].

[33]http://www.tex.ac.uk/tex-archive/macros/latex/base/lppl.txt
[34]http://www.mozilla.org/NPL/NPL-1.1.html
[35]http://www.opensource.org/licenses/apsl.php

6 Motivation und wirtschaftliche Aspekte von Open-Source-Projekten

6.1 Besonderheiten des Entwicklungsprozess bei Open Source Software

Open Source Software hat viele, von herkömmlichen top-down-Ansätzen der Softwareentwicklung denen meist eine umfangreiche Planung und Aufteilung in sequentielle Phasen vorangeht radikal verschiedene Entwicklungsmodelle für Software hervorgebracht. Eine detaillierte Betrachtung dieser Modelle scheint im Fokus der Zielsetzung dieser Arbeit unangebracht, jedoch soll versucht werden die fundamentalen Eigenschaften des Open-Source-Entwicklungsprozesses kurz zu skizzieren, da die daraus erwachsenen Implikationen dazu beitragen die ökonomischen Eigenschaften von Open Source Software zu formen.

Auch wenn andere Entwicklungsmodelle für Open Source Software denkbar sind, bei denen auch die Involviertheit einer Firma oder ein „top-down"-Ansatz bei der Entwicklung nicht ausgeschlossenen sind, entstehen Open-Source-Projekte in der Regel aus dem spontanen Zusammenschluss von Entwicklern und sind weitgehend selbstorganisierend, wobei das Produkt, nicht die Organisation im Vordergrund steht. Die Mitarbeit erfolgt freiwillig und erfährt in der Regel keine finanzielle Gegenleistung.

Die Richtung der Entwicklung orientiert sich an den Ideen der Projektgründer und ist nicht an Kundenwünschen ausgerichtet, welche meist schlichtweg ignoriert werden. Viele Open-Source-Projekte haben ihren Ursprung in der Unzufriedenheit eines Entwicklers mit den Unzulänglichkeiten einer proprietären Lösung. Raymond formulierte in diesem Zusammenhang die Regel „Every good work of software starts by scratching a developer's personal itch." (Raymond 1998). Sobald fertiger Quellcode verfügbar ist, wird dieser veröffentlicht, in der Hoffnung dass sich weitere Interessenten finden und sich am Projekt beteiligen. Mitarbeit ist auf verschiedenen Stufen möglich, die Hierarchie reicht vom simplen „Bug-Reporter" (Fehlermeldung), dem aktiv weiterentwickelnden Programmierer (Core Member/Maintainer) bis zum Projekteigner, der bei größeren Projekten auch durch eine Gruppe gestellt werden kann. (Brunner 2005) Die Entscheidungsfindung erfolgt entweder durch einen wohlwollenden Diktator oder eine demokratisch organisierten Gruppe (*Meritokratie*). Bei größeren Meinungsverschiedenheiten kann es geschehen, dass sich ein Projekt in zwei Teilprojekte aufsplittert (engl. forking). Ein „forking“ sollte von der Projektleitung tunlichst vermieden werden, da in einem solchen Fall mit meist geringfügigen Unterschieden Ähnliches zweimal entwickelt werden muss, was ökonomisch nicht sehr sinnvoll ist. Ebenfalls von Raymond stammt die verbreitete Metapher nach der die Entwicklung eines Open-Source-Projekts einem Basar entspricht, während herkömmliche Entwicklung dem Bau einer Kathedrale gleicht, in dem strukturiert-autoritäre Strukturen vorherrschen. Nach Raymond ist Entwicklung für Open Source Software ein „great babbling bazaar of different agendas and approaches out of which a coherent and stable system could seemingly emerge only by a succession of miracles“(Raymond 1998). Diese Darstellung unterliegt möglicherweise einer starken idealistischen Verzerrung, da auch Open Source Software eine funktionierende Projektstruktur benötigt. Die dezentrale Entwicklungsstruktur fördert einen modularen Aufbau des Programms. Tester werden selbst in frühen Stadien des Produkts [36] als wertvolle Ressource angesehen („Treat your [illegible] most valuable resource“, Raymond 1998). Ein weiterer Vorteil eines solchen Modells ist die Möglichkeit Entwicklungsphasen und Testphasen zu parallelisieren, während sie bei herkömmlichen Projekten in sequentieller Reihenfolge erfolgen. Hinsichtlich der Motivation wird argumentiert, dass es sich bei Open Source Software um eine „gift culture“ handle, bei der das Teilen von Werken und Altruismus im Vordergrund stehen. Der Tausch „Ware gegen Geld“ wird idealerweise durch „Geschenk gegen Reputation“ ersetzt. Das Erlangen von Wertschätzung und Reputation in der Community sind hier wichtiger als finanzielles Entgelt. Bei näherer Betrachtung wird es allerdings offensichtlich dass die Steigerung des eigenen „Humankapitals“ auf diese Weise durchaus ökonomischen Sinn macht. Ebenfalls wäre eine Beteiligung an einem Open-Source-Projekt ein Mittel um die eigenen Fähigkeiten zu demonstrieren. (engl.

[36] sog. Alpha- und Betaversionen

signaling) Für eigene Beiträge kann mit reziproker Beteiligung der anderen Entwickler gerechnet werden.

6.2 Auswirkungen von Open Source of Softwaremärkte

6.2.1 Theorie der Softwaremärkte

Bei erster Betrachtung der genannten Eigenschaften von Software als ökonomisches Gut mag es zunächst verwundern dass ein Gut mit Eigenschaften wie Nichtausschließbarkeit, Nichtabnutzbarkeit im Sinne von Verschleißerscheinungen und Nichtrivalität im Konsum überhaupt einen Markt hervorbringen kann. Hierfür muss sichergestellt sein dass zahlungsunwillige Benutzer vom Konsum ausgeschlossenen werden können, was einerseits durch die Einräumung restriktiver Nutzungslizenzrechte oder der Voraussetzung einer Registrierung/Produktaktivierung/Freischaltung wie bereits eingangs in Kapitel 3 erwähnt wurde, erreicht werden kann. Durch die geringen Grenzkosten und den Möglichkeiten modularer Wiederverwendung treten in hohem Maße Größenvorteile der Produktion auf (economies of scale). Der hohe Innovationsgrad von Softwaremärkten verhindert eine Veralterung. Durch die charakterisierten Eigenschaften von Software und ihrer Möglichkeit Konsumenten weltweit anzusprechen besteht eine *natürliche Tendenz zu Monopolen* in diesen Märkten, denn sobald sich ein Produkt als überlegene Lösung erweist, setzt es sich dementsprechend durch. Theoretisch ist es einem Anbieter möglich, den gesamten Markt alleine zu versorgen, wenn nicht von räumlichen Kriterien abhängige Dienstleistungen wie Supportleistungen dem entgegen stehen (Mundhenke 2007). Der ökonomischen Theorie zufolge tendieren Monopole zu überhöhten Preisen (im Falle vollkommener Konkurrenz würde der Markt eine Preisfestlegung zu Grenzkosten durchsetzen) und zu mangelndem Innovationsanreiz, was einen direkten Wohlfahrtsverlust impliziert. Es sei aber zu beachten dass ein Markt aus wenigen großen Anbietern der Entstehung größerer Netzwerke zu Gute kommt. Die Monopolbildung ist nicht unbedingt als korrekturbedürftiger Fehler anzusehen, vielmehr sind es dieselben Eigenschaften die sie entstehen lassen, die auch dafür sorgen dass Monopole im Softwaremarkt relativ

„brüchig“ sind und jederzeit durch ein technisch überlegenes Produkt bedroht werden können. Im Extremfall kann diese Situation als eine sequentielle Aufeinanderfolge temporärer Monopole gesehen werden. (Mundhenke 2007) Diesem Effekt steht allerdings abschwächend die Gefahr eines *Lock-Ins* entgegen. Nutzer die in die Abhängigkeit eines Herstellers geraten sind, etwa weil ein Umstieg nur mit exorbitanten Kosten durchführbar wäre, oder die Netzwerkeffekte des Produkts zu groß sind um sich von ihm trennen zu können, werden von der Migration zu einem innovativeren Produkt abgehalten.

6.2.2 Softwaremärkte als bestreitbare Märkte

Von Bedeutung scheint hier auch der wissenschaftliche Ansatz Softwaremarkte als bestreitbare Märkte zu charakterisieren. Die entsprechende Theorie geht davon aus dass natürliche Monopole keiner Regulierung bedürfen, da eine niedrige Markteintrittsbarriere für Konkurrenten Mechanismen des Wettbewerbs aufrecht erhält. Demnach wäre nicht die tatsächliche, sondern die potentielle Konkurrenz für einen Softwaremarkt ausschlaggebend, dementsprechend sollte als Handlungsempfehlung die Wirtschaftspolitik Markteintrittsbarrieren möglichst niedrig halten. Ein Markt ist demnach bestreitbar wenn ein neuer Anbieter die gleichen Bedingungen vorfindet wie ein Marktinsider (Mundhenke 2007). Das ermöglicht einem Anbieter mit technologischem Vorsprung bis zum Nachziehen der Konkurrenz den Markt alleine abzuschöpfen.[37] Dies zwingt Anbieter zum Einsatz innovativer Technologien und marktwirtschaftlicher Preissetzung.
Als Kritik an diesem Modell könnte die Kostenstruktur mit eingangs erwähnten irreversiblen Kosten und die Voraussetzung der schnellen Reaktion auf Preisveränderungen genannt werden.

6.2.3 Wettbewerbswirkungen von Open Source

Intuitiv erkennbar trägt Open Source Software zu der Vergrößerung des Angebots an Software bei, falls Qualitäts- und Funktionsumfang entsprechend hoch sind, führt sie zu einer größeren Auswahl für Konsumenten und zu zusätzlicher Konkurrenz für etablier-

[37] Auch als „Hit and Run“-Strategie bezeichnet.

te Anbieter. Da die Bezugskosten für Open Source Software an sich null sind[38], sollte auch vom Entstehen eines zunehmenden Preisdrucks ausgegangen werden. Für etablierte Anbieter entsteht ein zusätzlicher Anreiz sich durch zusätzliche Funktionen zu profilieren, ebenso ist eine stärkere Berücksichtigung von Kundeninteressen eine antizipierbare Reaktion. Insgesamt sollte unter dem Summenstrich eine qualitative Verbesserung von Software entstehen. Wenn jedoch die neue und die etablierte Technologie zueinander inkompatibel sind, resultiert das in einer Verminderung der Netzwerkeffekte und im Extremfall zu zwei voneinander isolierten Netzwerken. Da aber Open Source Software durch die liberalen Nutzungsrechte den Benutzern größere Freiheiten einräumt und sich nicht mit Ausschließungsprinzipien durchsetzt, [39] scheint dieser Nachteil weniger gravierend. Open Source Software stärkt den Wettbewerb im Sinne der Theorie bestreitbarer Märkte und verringert die Abhängigkeit von einem einzigen Hersteller. Nachdem der Quellcode nicht länger ein gut gehütetes Firmengeheimnis ist kann nun jeder Fachkundige erwünschte Änderungen vornehmen. Damit reduziert sich natürlich auch die Wahrscheinlichkeit eines Lock-Ins. Auch bei Marktausstieg eines Anbieters kann sein Produkt ihn so überleben oder von einem anderen Anbieter übernommen werden. Auch die technologischen Grundlagen im Sinne von zugrundeliegenden Standards sind dokumentiert und offen zugänglich und tragen somit zur Reduktion der Gefahr durch Inkompatibilität bei, wie sie leicht bei proprietären Standards verschiedener Hersteller entstehen könnte. Zwar reduziert sich durch Open Source Software der potentiell aus dem Markt abschöpfbare Gewinn, die Erhöhung der Bestreitbarkeit von Softwaremärkten scheint diesen Nachteil aber leicht zu rechtfertigen, da es zu einer Erhöhung der Konkurrenz und somit einer Steigerung der Wettbewerbsintensität kommt. (Mundhenke 2007)

[38]Nicht nur die Bezugskosten, sondern vor allem die Kosten des gesamten Betriebs und dessen Aufrechterhaltung sind für ein Unternehmen von Interesse (Total cost of ownership)

[39]Während es z.B. einfach ist ein Word-Dokument unter OpenOffice zu öffnen, bleibt das Importieren von OpenDocument-Dateien in Word (ohne Zusätze die nicht von Microsoft stammen), Wunschdenken

Open Source Software erleichtert den Eintritt eines Anbieters in den Markt maßgeblich, da zum einen bereits frei verfügbares Wissenskapital vorhanden ist und die in Kapitel 6 skizzierten Entwicklungsmodelle Softwareentwicklung zu deutlich geringeren Kosten - verglichen mit dem herkömmlichen „Kathedralen-Modell“ der Softwareentwicklung - erlauben. Nachahmung oder Übernahme bereits vorhandener Lösungen wird deutlich vereinfacht [40].

Open Source Software bietet engagierten Nutzern die Möglichkeit sich selbst am Projekt zu beteiligen. Das führt zum einen zu einer graduellen Weiterentwicklung des Programms, die von offenem Code ausgehende hohe Transparenz des Programms ermöglicht eine rasche Erkennung von Fehlern und lässt so das Programm schnell einen hohen Grad an Reife und Sicherheit erreichen.

Nicht zu vernachlässigen wäre letztlich die Entwicklung des Humankapitals. Da es bei Open Source Software üblich ist die verfassten Codezeilen mit ihrem Autor zu kennzeichnen, können die Fähigkeiten der auf freiwilliger Basis beitragende Programmierer begutachtet werden.

Kritisch wäre hier anzumerken dass bei Open Source Software, obwohl sie mit einer größeren Wissensbasis durchaus effizient sein kann und wirtschaftlich kompetitive Lösungen hervorbringen kann, meist wenig Anreiz existiert, ein solches Projekt zu beginnen. Hierzu Mundhenke: „Das Innovationspotential von Open Source Software knüpft vor allem daran an, dass bereits bestehendes Wissen uneingeschränkt genutzt werden kann... Im Gegensatz dazu bezieht sich Kritik am Open-Source-Modell vor allem auf eine *Ex-ante Ineffizienz*, dass also die Anreize, Open Source Software zu schaffen zu gering sind. “ (Mundhenke 2007) In diesem Punkt wäre also Open Source Software als dem Modell proprietärer Software unterlegen zu betrachten. Die ökonomische Theorie spricht in diesem Zusammenhang von der „Tragik der Allmende“: Wenn ein öffentliches Gut frei verfügbar ist, ist ökonomisch rationales Verhalten das Free-Riding und niemand möchte aus rein altruistischen oder philanthropischen Motiven in die Erhaltung dieses Gutes

[40] Hier sei angemerkt dass Apple bei der Entwicklung von MacOS X auf den bereits vorhandenen Kern von BSD zurückgriff

investieren.

6.3 Unternehmerische Strategien

Der Erfolg eines auf Open Source Software basierenden Geschäftsmodells eines Unternehmens wird hochgradig davon abhängen ob es gelingt um ein lizenzkostenfreies Kernprodukt nachgefragte Zusatzleistungen bereitzustellen. Auch bei großen, an herkömmlichen Geschäftsmodellen orientierten Unternehmen ist eine Tendenz zu Open Source Software-Produkten zu beobachten. Während den Wettbewerbsvorsprung sichernde und auf Kernkompetenzen beruhende Produkte als proprietäre Software vertrieben werden, kann mit Open Source Software gefahrlos mit einem Produkt von sekundärer Priorität experimentiert werden. Die Entscheidung ein bisher proprietäres Produkt als Open Source Software zu veröffentlichen begründet sich durch eine erhoffte Qualitätssteigerung durch vermehrte Fehlersuche und die Partizipation des Kunden am Produkt, welche ihrerseits eine erhöhte Kundenzufriedenheit begründen soll. Prinzipiell steht es Unternehmen offen entlang der gesamten Software-Wertschöpfungskette komplementäre Angebote und Unterstützungen für Open Source Software zu entwickeln. Einzig der Vertrieb der Software über kostenpflichtige Lizenzmodelle scheidet aus, da ja freie Verfügbarkeit des Quellcodes ein Kriterium von Open Source Software ist. „Weil sich mit Verbesserungen an der Open Source Software keine direkten Erlöse erzielen lassen, müssen Firmen indirekt über andere Produkte und Dienste von der Open Source-Entwicklung profitieren. ... Umsätze werden nicht mit den eigentlichen Produkt erwirtschaftet, sondern mit zusätzlichen, darauf aufbauenden Produkten und Diensten“ (Kooths et al. 2003)
Die wichtigsten auf Open Source Software basierenden Geschäftsmodelle sollen nachfolgend beschrieben werden: (nach Mundhenke 2007)

Komplementäre Produkte Hardware- und Software-Produkte werden gemeinsam mit Open Source Software ausgeliefert. Open Source Software kann hier als zugrundeliegende Basisplattform für eigene Produkte dienen und somit eine Obsoletwerdung des Basissystems verhindern. Weiters bildet dieses Modell einen Anreiz für den Anbieter des

Komplementärsystems seine Produkte weiterzuentwickeln.

Komplementäre Dienstleistungen Ein sehr beliebtes Modell ist das Anbieten von kostenpflichtigen Dienst- und Supportleistungen, die sich um ein freies Produkt konzentrieren. Open Source Software erfordert in der Regel durch ihre Strukturierung und Entwicklerorientierung höhere technische Fachkenntnisse als proprietäre „Out-of-the-Box"-Software. Neben der Implementierung einer Softwarelösung ist meist auch eine Schulung der Anwender und Administratoren des neuen Systems notwendig. Auch die laufende Pflege und Instandhaltung des Open Source Software-Systems kann an eine mit komplementären Dienstleistungen handelnde Firma ausgelagert werden. [41] Die Verfügbarkeit dieser Dienstleistungen ist ein wichtiges Kriterium für die Durchsetzung von Open Source Software.

Subskription Diese Variante der Dienstleistungsanbietung konzentriert sich ebenfalls auf das Bereitstellen komplementärer Dienstleistungen. Im Unterschied zu vorigem Modell wird hier versucht langfristige Beziehungen zu den Kunden aufzubauen und eine dauerhafte Kundenbindung zu erwirken. Beliebt ist die Variante gegen eine monatliche Pauschalgebühr den Kunden mit neuesten Updates und Patches zu versorgen, ergänzend mit entsprechenden Serviceangeboten. Nicht mehr der bloße Verkauf von Produkten, sondern das Abschließen von Supportverträgen mit langfristigem Zeithorizont steht im Vordergrund.

Duale Lizenzierung Hier kann von klassischer Produktdifferenzierung gesprochen werden, ein Produkt liegt in mehreren, unterschiedlich ausgerichteten Versionen vor. In der Softwarewelt können verschiedene Nutzungslizenzen auf dasselbe Produkt zum Einsatz kommen, z.B. eine kostenlos herunterladbare Version für Privatkunden und eine kostenpflichtige Lizenz für Geschäftskunden. Dieses Modell bietet den Vorteil näher nach verschiedenen Kundengruppen diskriminieren zu können, auch kann die frei verfügbare

[41] Firmen wie Redhat oder SUSE sind auf diese Geschäftsmodelle spezialisiert, während auch ein freier Kern ihrer Distribution angeboten wird

Version zur Verbreitung des Produkts beitragen und dessen Bekanntheitsgrad steigern, was sich wiederum in einer größeren Nutzeranzahl niederschlägt und zu Netzwerkeffekten führt. Mit der Bereitstellung zusätzlicher Funktionen bei der proprietären Version kann ein Anreiz zum Erwerb für einen Benutzer der freien Version entstehen. Besonders bei Anbietern von Software-Bibliotheken (Libraries) ist dieses Modell beliebt. [42] Potentiell konfliktbehaftet ist das Übernehmen von Entwicklungen aus dem freien Zweig in die proprietäre Variante, da unter einer Open-Source-Lizenz freigegebener Code nicht ohne weiteres in kommerzielle Produkte übernommen werden darf, es sei denn das Unternehmen bedient sich einer eigenen Lizenz welche diese Rückführung erlaubt. Solche Lizenzen sind ein Drahtseilakt der sehr leicht das Verhältnis zur Community und ihren Entwicklern strapaziert oder sie von der Teilnahme abhält.

Patronage Bei diesem Modell übernimmt ein Unternehmen das Sponsoring eines Open-Source-Projekts, indem es z.B. Entwickler unterstützt oder IT-Ressourcen wie Server zur Verfügung stellt ohne auf die kommerzielle Verwertung des Produkts abzustellen. Eine Ähnlichkeit zum Modell komplementärer Produkte ist hier nicht abzusprechen, gerne werden beide Modelle zusammen verwendet. Ziel kann eine durch das Open-Source-Produkt induzierte Steigerung des Wettbewerbs sein, welche den Markteinstieg für eigene Produkte erleichtert. [43] In diesem Zusammenhang wären auch die *Open Source Development Labs* zu nennen, eine Institution die sich der Pflege und Verbreitung von Open Source Software verschrieben hat und an der über 60 Firmen weltweit beteiligt sind.

Hosting Die Hosting-Strategie ist genaugenommen keine angebotsseitige Strategie, da hier Open Source Software nur intern genutzt wird. Dem Benutzer von Web-Applikationen werden so, meist ohne sein Wissen dass überhaupt Open Source Software vorliegt, auf

[42] KDE, das K Desktop Environment, eine für Linux entwickelte Desktopoberfläche, verwendet die freie Version der QT-Bibliotheken, interessierte Kunden können eine erweiterte, kommerzielle Version erwerben

[43] So fördert z.B. IBM den Webserver Apache um eine Dominanz von Microsoft zu verhindern

Basis von Open Source Software umfangreiche eigene Dienste geboten. Vorteil dieses Modells ist natürlich eine Kostenreduktion, ein Adaptieren der Open Source Software an eigene Zwecke ist nicht durch die GPL verboten, solange das Ergebnis nicht kommerzialisiert, sondern nur intern verwendet wird.

Embedded Software Diese Strategie ähnelt weitgehend dem Hosting, nur dass hier Open Source Software auf Hardware-Ebene und nicht bloß als darauf laufende Software eingebunden ist. Wiederum können auf der Open Source Software-Basis eigene Programme aufgesetzt werden. Für die Funktionalität des Produkts im Vordergrund ist die interne Zusammensetzung der Komponenten nicht von Interesse für den Benutzer. Auf Linux basierende PDAs oder Mobiltelefone sind keine Rarität mehr, Eigenschaften wie Netzwerkfähigkeit, Stabilität und modulare Bauweise machen Linux zu einer interessanten Basisplattform, auf der die eigentliche Funktionalität des Produkts bereitgestellt wird.

6.4 Kritik am Open-Source Modell

(nach Kooths et al. 2003) Von Seiten der Ökonomie wird Open Source Software gerne eine mangelnde Marktorientierung vorgeworfen, wo kein Markt, da keine Effizienz, soweit die ökonomische Theorie. Auf einem dezentralen, nicht planwirtschaftlichen ökonomischen Markt erfolgt die Abstimmung zwischen Angebot und Nachfrage weitgehend automatisch. Aus Eigeninteresse versuchen die Anbieter sich möglichst gut auf die Ansprüche der Nachfrage einzustellen. Dabei sind vor allem die Wünsche der Konsumenten maßgeblich (**Konsumentensouveränität**). Bei Missachtung dieser Wünsche kann es zu Überangebot oder Mangel (Nachfrageüberhänge) kommen und der betroffene Anbieter ist gezwungen sein Angebot zu adjustieren oder aus dem Markt auszuscheiden. Märkte sind meist durch Knappheit geprägt, d.h. es muss ein rationaler Weg gefunden werden knappe Güter sinnvoll zu allokieren. Es muss also versucht werden knappe Inputfaktoren ihrer produktivsten Verwendung zuzuführen. Von zentraler Bedeutung sind hier die Preise, da sie Informationen wie Knappheit eines Gutes, Nachfrage oder Kundenzufriedenheit widerspiegeln. Preise helfen also den Erfolg ökonomischer Betätigung zu bemessen.

Durch die fehlende Bepreisung bei Open Source Software geht wichtige Information verloren. Somit ist es unmöglich etwas über die tatsächlichen Präferenzen der Konsumenten freier Software auszusagen. Der ökonomischen Theorie zufolge führt dies zu Über- oder Unterversorgung. Kundenwünsche fließen nur in dem Maß in Open Source Software ein, in dem Nutzer selbst der Community beitreten und zu Entwicklern werden. Techniknahe Entwickler haben logischerweise andere Präferenzen bei der Funktionsweise einer Software mit der Funktionalität im Vordergrund während unerfahrene Benutzer einfache und bequeme Lösungen vorziehen werden. Die eingesetzte Arbeit der Entwickler ist der Theorie zufolge durch das Fehlen von Kundenwünschen ineffizient zugeteilt, nicht jene Komponenten werden entwickelt die am dringlichsten benötigt werden („Happy Engineering").

Die mangelnde **Interoperabilität** von Open Source Software ist ein weiterer Kritikpunkt. Zwar geht die Bemühung einen de-facto Standard, der nicht ausreichend dokumentiert ist durch Reverse-Engineering auch anderen Programmen zugänglich zu machen eher von Open Source Software aus als von den Anbietern proprietärer Software, dennoch gibt es kein einheitliches Gremium, dass die Standardisierung unter Open-Source-Produkten sichert. Es existieren zahlreiche Distributionen, die zwar grundsätzlich miteinander kompatibel sind, eine Garantie für Kompatibilität ist jedoch nicht gegeben. Auch kann durch eine Teilung des Projekts (forking), neben dem wirtschaftlichen Nachteil manches doppelt zu entwickeln auch Inkompatibilität entstehen. Ein gutes Beispiel ist die Entwicklung von Unix, bei der sich unterschiedliche Versionen verschiedener Anbieter herausbildeten, die nicht zueinander kompatibel waren. Ein forking muss aber nicht zwangsläufig ausschließlich negative Auswirkungen haben, die verschiedenen BSD-Derivate (FreeBSD, NetBSD und OpenBSD) zeigen dass eine Spaltung des Projekts auch einander komplementär ergänzende Produkte hervorbringen kann (Brunner 2005). Auch zeigt die Praxis dass nur ein geringe Anteil begonnener Open-Source-Projekte den Status „stable" (16%) oder „mature" (2%) erreicht. Projekte können also leicht „austrocknen“ (Kooths et al. 2003).

Zwar existieren spezielle Geschäftsmodelle die sich auf den Support von Open Source Software konzentrieren, dennoch bleibt die mangelnde Unterstützung bei vielen Projekten ein eklatanter Mangel. Fehlende oder unvollständige Dokumentation, mangelnde Benutzerfreundlichkeit machen ein Produkt bei nicht-technikaffinen Nutzern schnell unbeliebt. Die „darwinistische“ Selbstselektion des besten Codes bei der Entwicklung durch die Beteiligung vieler Entwickler trägt zwar zu hoher Qualität des Produkts bei, ist aber keine Garantie für wirkliche Stabilität und Qualität. Auch orientieren sich neue Releases am technischen Fortschritt des Produkts, unterliegen keiner sorgfältigen und weitsichtigen Planung und tendieren wegen der oben diskutierten Eigenschaften Kundenwünsche zu ignorieren.

Bei der kommerziellen Verwertung von Open Source Software durch eines der bereits beschriebenen Geschäftsmodelle ist tendenziell das Verhältnis zwischen Unternehmen und Community gespannt. Behält sich das Unternehmen zu viele Rechte am erzeugten Code vor, kann das Projekt von der Community abgelehnt werden, ist die Lizenz aus Unternehmenssicht zu liberal entstehen Schwierigkeiten für das Unternehmen das Produkt überhaupt kommerziell zu verwerten.

7 Zusammenfassung, Ausblick und Schlussbemerkungen

Auch wenn der heute geläufige Begriff „Open Source Software“ nicht mehr leicht in eine klare Definition zu fassen ist, da sich von den Anfänger der Free Software Foundation 1984 zu den jüngeren, teils kommerziell verwerteten Ausprägungen vieles verändert hat, bleibt zumindest die Grundidee im Kern erhalten. Dem Nutzer sollen nicht nur die Rechte zur lizenzkostenfreien Verwendung eines Programms für jeden Zweck eingeräumt werden, durch die Verfügbarkeit des Quellcodes sind Modifikationen und Weiterentwicklungen möglich und erlaubt, ja sogar erwünscht. Die besonderen Eigenschaften von Software als ökonomischem Gut machen eine solche Verbreitung leicht möglich. Nachdem Nichtrivalität in der Nutzung und Nichtausschließbarkeit eines Nutzers zu den Eigenschaften von Software zählen, müssen um mit einer Programmkopie Geld verdienen zu können im proprietären Modell Mechanismen zur Ausschließung von Nutzern bestehen. Dies kann zum einen durch Kopierschutzmechanismen oder Softwarelizenzen erreicht werden, Open Source Software möchte dieses Aussschließungsprinzip explizit vermeiden. Am Beginn der Entwicklung dessen, was später als „Open Source“ bezeichnet werden sollte, steht die Free Software Foundation rund um ihren Visionär Richard Stallman, mit dem Ziel ein „freies“ Betriebssystem zu schreiben, woraus sich etwa ein Jahrzehnt später Linux entwickeln sollte. Um die Einhaltung der geforderten Eigenschaften von „freier Software“ sicherzustellen wurde die Softwarelizenz General Public License (GPL) erstellt, die noch immer die bedeutsamste Lizenz für Open Source Software darstellt. Das Konzept der vollständigen Freigabe des Quellcodes war damals noch neu und ungewöhnlich, eher war es üblich dass der Code proprietärer Programm als Firmengeheimnis unter Verschluss gehalten wurde. Die neue Miteinbindung der Nutzer als potentielle Entwickler und Tester, die Organisation eines dezentralen Projekts über das Internet erzeugte nicht nur bemerkenswerte Resultate, sondern auch neue bottom-up-Ansätze der Softwareentwicklung. Als die Unternehmen auf das scheinbare Potential quelloffener Software aufmerksam wurden, wurde über einen Begriff nachgedacht der weniger revolutionär als „free Software“ klingen sollte und auch Unternehmen schmackhaft gemacht werden könnte, man einigte sich auf „Open Source“. Die Open Source Initiative (OSI) hat genaue Kriterien für die Einordnung als Open Source entwickelt, die pragmatischer sind als die der freien Software. Die OSI entstand im Zuge der Offenlegung des Programmcodes des Browsers Netscape Navigator 1998. Mittlerweile existieren viele Firmen die sich auf Open Source Software spezialisiert haben, Geschäftsmodelle sind entlang der gesamten Wertschöpfungskette denkbar und fokussieren hauptsächlich darauf Zusatzdienste zu einem lizenzkostenfreien Kern anzubieten.

Software ist Ausdruck komplexen geistigen Schaffens und untersteht dem Urheberrecht. Open Source Lizenzen beschreiten nicht den Weg alle Rechte des Autors abzutreten, sondern verwenden das Urheberrecht um den Nutzern die von freier Software bedachten Rechte einzuräumen. Nachdem Software über eine Art „Doppelnatur“ verfügt und auch ein technisches Produkt ist, ist auch die Patentierung von Software denkbar. Patente sind explizit anzumelden und gewähren eine Art absolutes Monopol für eine beschränkte Zeit. Somit sind sie auch eine Bedrohung für die Idee hinter freier Software, typische nicht auf Gewinn orientierte Open Source-Communities sind auch schwer für Lizenzzahlungen greifbar. Es bleibt abzuwarten wie sich dieses Spannungsfeld entwickeln wird, zumindest in Europa wurde ein Vorschlag zur Patentierbarkeit von Software vom Europäischen Parlament abgelehnt, dennoch existiert bereits eine Vielzahl von Patenten auf diesem Gebiet.

Mittlerweile gibt es eine Vielzahl verschiedener Lizenzen die als „Open Source Lizenzen“ bezeichnet werden können, die FSF und die OSI haben genaue Kriterien zu Einordnung und Kompatibilität entwickelt. Wichtig für die Einordnung ist die Stärke und Ausprägung des Copyleft-Effekts. Dieses Konstrukt, auch „virale Klausel“ genannt, stellt sicher dass unter einer offenen Lizenz veröffentlichte Software bei Veränderung wieder derselben offenen Lizenz unterliegen muss, somit wird eine Rückführung in proprietären Code verhindert. Die bekannteste Lizenz mit einem starken Copyleft-Effekt ist die GPL. Andere Lizenzen wie die BSD-License sind weniger restriktiv und erlauben eine Relizenzierung unter einer anderen Lizenz. Die LGPL erlaubt die Kombination von freier

Software mit proprietären Komponenten und wurde speziell für Libraries geschaffen. Auch ein gangbarer Weg ist die Kombination aus einem Kern unter einer Lizenz mit Sonderrechten der entwickelnden Firma und Weiterentwicklungen die einer eigenen Lizenz unterstellt werden wie es bei NPL und MPL der Fall ist. Lizenzen mit Sonderrechten sind allerdings für Open Source umstritten.

Open Source Software ist den Kinderschuhen entwachsen und zu den meisten proprietären Produkten existieren bereits ebenbürtige Open Source-Lösungen. Sie scheinen einen weitgehend positiven Effekt auf den Softwaremarkt zu haben, unter anderem tragen sie zur Verstärkung des Wettbewerbs bei und verstärken den Innovationsdruck. Kritiker wenden ein dass ein Produkt das auf die Verwendung von Preisen als Indikatoren verzichtet, wirtschaftlich ineffizient sein muss. Es werde am Markt vorbeiproduziert, nach den Interessen der Entwickler und nicht der Kunden. Auch der Haftungsausschluss bei freier Software (Schenkungscharakter) scheint Risiken entstehen zu lassen, bei vergleichender Betrachtung im proprietären Sektor zeigt sich aber dass auch dort nur äußerst selten Hersteller in Haftung genommen werden, die Fehlerhaftigkeit von Software scheint akzeptiert zu sein.
Bei technikaffinen Nutzern hat sich Open Source Software schon weitgehend durchgesetzt, ein Beispiel ist der Webserver-Bereich mit Apache, im Desktop-Sektor stagniert der Marktanteil von Open Source Software, der Anteil von Linux-Installationen bleibt im einstelligen Prozentbereich.

8 Literaturliste

Raymond, E. (1998), „The Cathedral and the Bazaar“ Aus: „The Cathedral & the Bazaar: Musings on Linux and Open Source by an Accidental Revolutionary“, O'Reilly 2001

Raymond, E. (1999), „A Brief History of Hackerdom“ Aus: „The Cathedral & the Bazaar: Musings on Linux and Open Source by an Accidental Revolutionary“, O'Reilly 2001

Mundhenke, J. (2007), „Wettbewerbswirkungen von Open-Source-Software und offenen Standards auf Softwaremärkten“, Springer Berlin

Stallman, R. (2002), „Free Software, Free Society - selected essays of Richard M. Stallman“, GNU Press

Mühlmann, R (2006), „Open-Source-Software und Intellectual Property Rights“, Diplomarbeit WU Wien

Brunner, W (2005), „Open Source Software und Patentrecht“, Diplomarbeit WU Wien

Korb, J (2001), „Kopieren, Verteilen, Verändern: zur Geschichte der „Freien Software“, Magisterarbeit TU Berlin

Gutsche, J (2005), „Ökonomische Analyse offener Software“, Dissertation Universität Mannheim

Institut für Rechtsfragen der Freien und Open Source Software (2005), „Die GPL kommentiert und erklärt“, O'Reilly

Kooths, S /Langenfurth, M /Kalwey, N (2003) „Open-Source-Software - Eine volkswirtschaftliche Bewertung“, Westfälische Wilhelms-Universität Münster